AF362322

Cordero Villamizar, Luz Helena
        Canción para matar el miedo / Luz Helena Cordero
Villamizar. —1ed. —Bogotá: Cooperativa Editorial
Magisterio, 1997.
        118p. :il— (Colección Montaña Mágica; Nº 40)
        ISBN 978-958-20-0318-0
        1. Cuentos Colombianos I. Tit. II. Serie
        CDD Co863. 44   /C67c

COLECCIÓN
EL
OSO ANTEOJOS
DE

Canción para matar el miedo

Luz Helena Cordero

Colección El Oso de Anteojos

CANCIÓN PARA MATAR EL MIEDO

Segunda edición: 2016
Reimpresión: 2019

© Luz Helena Cordero Villamizar

© Cooperativa Editorial Magisterio
Diagonal 36bis no 20-70
PBX: 0571-3383605
Bogotá, D.C. Colombia
www.magisterio.com.co

ISBN: 978-958-20-0318-0

Ilustraciones: Hollman Ortiz Buitrago

*Les diremos cosas así,
como para que las leyesen los colibríes
si supiesen leer.*

José Martí

DIVISIÓN
Pablo

El profesor gruñe con su voz de marrano a punto de morir. Me pregunta a gritos si ya hice la división que no acabo de entender y que él espera recibir en su mano abierta y tendida sobre mí. No sé ni voy a entregarle nada. Quiero gritarle que no, pero se me arma un manojo de susto en la garganta. Quisiera decirle que no puedo hacerla porque no entiendo cómo es eso de que un número le presta a otro y luego baja y van dos. Él se da cuenta que yo estoy temblando como el perro cobarde de la casa cuando todos lo espantan. No voy a volver a la escuela si manda venir a mi mamá. Hace varios días que ella se fue y ni los gritos del profesor la harán regresar. Todos mis compañeros saben que lloro mientras voy hacia la casa y no dejo que nadie me acompañe. Se divierten mucho cuando me dicen que parezco niña y que ojalá ella no vuelva para que yo aprenda a ser hombre.

El profesor sigue esperando mi cuaderno para revisarme la operación, pero yo finjo que me pica un pie, me agacho, pego la cabeza contra la rodilla y me muerdo el pantalón para que él se vaya de mi lado. Aprieto duro el lápiz contra la hoja, rezo y ruego que pase algo, que tiemble de pronto y todos podamos salir corriendo.

Si por lo menos hubiera entendido la explicación...

Veía al maestro rasguñar el tablero con la tiza, pintar números que aparecían de pronto, como salidos del sombrero de un mago. Yo repetía las tablas mentalmente para ver si lograba descifrar lo que veía, pero nada. Sólo los gestos de ese hombre grande, el bigote moviéndose sin parar. Sólo el recuerdo de otro bigote que alguna vez vi junto a mi madre y que desapareció también como las palomas del mago, los ojos de ella llorando casi todos los días cuando llegaba la hora de acostarse; sus gritos ante ese juego que me inventaba de estrellar la pelota contra la pared para salir después a buscarla. Porque mientras corría pensaba cuál era el motivo de su mal humor y qué era lo que la había hecho dejar de quererme.

Y de pronto, otra vez los números en el tablero y el profesor diciendo que esa división era para hacerla en clase y valía toda la materia.

Sigo rogando que pase algo, que toquen la campana. Aunque, tal vez, podría desmayarme y después contar que no como nada de lo que me da la vecina, que lo echo en la taza del baño porque esa comida tiene un sabor desesperante. Pero antes de decidirme a caer, la mano grande viene a arrebatarme el cuaderno, le dice a todos que yo soy el mal ejemplo, que me dejen solo en el salón porque él va a castigarme. Entonces me siento un perro bravo que no piensa. Apreso la mano entre mi hocico y aprieto, aprieto duro hasta sentir sangre en los labios y un pedazo de carne entre mi boca.

Luego corro, vuelo hasta donde no me alcancen mis compañeros y cojo la bicicleta de Camilo, esa tan linda que le dio su papá de cumpleaños y que nunca me ha querido prestar. Ahora soy Cochise entre los árboles. Llego hasta la quebrada, las piedras grandes me hacen caer, tiro la bicicleta para seguir corriendo hasta donde no me alcancen los gritos, hasta donde no vuelva a pensar en números que prestan y se convierten en otros. Hasta llegar a un sitio donde pueda llorar y llorar y llorar.

EL JUEGO MÁS SERIO DEL MUNDO
Fausto

Mamá está en cuatro patas sobre el tapete. Todo su cuerpo se mueve como si estuviera bailando o temblando. Limpia muy duro con un cepillo todas las partes de la alfombra de flores. De vez en cuando acerca el balde para mojar el cepillo. Veo que sus rodillas están mojadas, rojas. Entonces me pongo a mirar por la ventana. Ella me grita que le ayude a recoger los muebles pero yo no tengo ganas de hacer nada y no le hago caso. No entiendo por qué hay que ordenar tantas cosas que luego se van a volver a desorganizar, y así todo el tiempo. La escucho decirme que soy un mal hijo, que luego se las pagaré, pero no me importa nada. Lo que quiero es irme a jugar a la calle con esos niños que veo corriendo y que parecen muy contentos.

Camino hacia la puerta; voy a abrirla, pero escucho mi nombre dentro de un grito. Me arrepiento de haber venido a esta casa de olor raro, llena de cosas que no puedo tocar y que odio porque me roba las manos de mamá.

Vine, pues se me había vuelto un misterio el sitio a donde ella va todos los días, en el que anda como una hormiga sin descanso. Es el único lugar en el que me parece que es feliz. Ahora me arrepiento. Prefiero quedarme solo y encerrado en la pieza. Allá puedo inventar juegos y esperar el momento en que ella llega. Es alegre esperar y saber que alguien viene hacia donde estamos. Me gusta escuchar sus tacones y tenderme en el piso para que, cuando abra la puerta, crea que me he muerto de susto o de tristeza.

Es bonito escuchar sus gritos de angustia y sentir su amor desesperado, como el de las películas. He usado diferentes tácticas: una vez me tiendo bocarriba, me lleno de salsa roja y me coloco la punta de un cuchillo sobre el pecho; otra, me pinto el cuerpo de amarillo y me acuesto desnudo, estático en la cama.

Una noche, después de pensarlo mucho, desarmé la cómoda y me cubrí con todos los cajones, como si me hubieran sepultado después de un terremoto.

Este juego ha dejado de tener efecto porque ahora mamá se pone muy brava. En vez de amor siento sus pellizcos de rabia. Dice que un día me voy a morir de verdad y ella no va a creerme; que allí me quedaré hasta que vengan los gallinazos, picoteen el cristal de la ventana y se abalancen a destrozarme sin que ella me pueda defender.

No me importa que eso pase. Para ese momento creo que voy a estar muy lejos, mirando desde el cielo mi pobre saco blanco teñido de rojo y me voy a reír mucho de los pajarracos.

Tengo muchas ganas de que ese día llegue.

A veces, cuando estoy solo, lloro en silencio. Sólo se llora en voz alta cuando uno quiere que alguien se desespere por uno. Pero si estamos solos, no hay por qué armar show. Las lágrimas salen y vuelven a regresar para caer hacia adentro. Me cuesta trabajo imaginar a dónde van a parar. Lo cierto es que esas lágrimas duelen más porque nadie te las seca, porque adentro siguen mojadas y tristes.

No sé casi nada. Rosa, mi madre, dice que por ahora sólo me queda estudiar; que cuando termine la escuela, debo trabajar para ayudarla. Quiero ser grande ya, aunque hay algo en eso que no me gusta. Creo que los grandes no son felices. Todos se pasan el día trabajando y corriendo para aquí y para allá. A mí sólo me gusta jugar y entre todos los juegos prefiero el del muerto, porque me hace reír.

Rosa está lavando los platos que luego se van a volver a ensuciar. Por eso le pagan. En esta casa debo callarme aunque quisiera gritar. Odio todas las cosas que me roban sus manos y creo que a ella también la estoy odiando. Porque no tiene tiempo de mirarme los ojos a la luz del día. Por eso no se ha dado cuenta que en la mitad de la pepita negra me ha aparecido una mancha; esa mancha es una raíz: de esa raíz nacerá un árbol y ese árbol crecerá y cre-cerá. Cuando esté muy grande voy a plantarlo en medio del cuarto. Me treparé sobre él y una noche que Rosa llegue estaré colgando como un racimo de plátanos.

Pasaré muchos días recibiendo los pellizcos de ella y los picotazos de los pájaros, hasta que me derribe de verdad. Entonces tal vez Rosa entienda que todos los juegos son serios y que el mío era el juego más serio del mundo.

ORACIÓN
Marysol

Estoy escondida debajo de la cama. Llevo mucho tiempo metida aquí y veo los zapatos que van y vienen. Los tacones puntilla de mi hermana que se prepara para ir a trabajar; los azules y veloces de mamá que siempre están saliendo y entrando a la cocina; los zapatos grandes de papá, con sus pasos fuertes pero inseguros, como los del equilibrista en el circo, que amenaza con caerse de la cuerda y nos pone a temblar. Van y vienen del patio hacia el cuarto esos zapatos gigantes llenos de polvo. Por momentos se acercan al sitio donde me encuentro y otra vez regresan a la cocina. Veo que la velocidad es mayor cuando los tacones de mi hermana se han ido y los de mi madre parecen correr o desesperarse, cuando se aproximan los grandes y se abalanzan hasta casi pisarlos. Tengo mucho miedo al ver esos movimientos, esa prisa en los zapatos. Podría salir y correr a interponer mis zapatos blancos entre los negros terribles y los azules de ella, pero no entiendo por qué he de hacerlo, no quiero ser el arma contra un guerrero que tiene mis ojos.

Desde mi trinchera siento el terror de la guerra, sigo viendo trastabillar los zapatos azules, pero de pronto llega Copo como una bendición, como una bola de lana caliente. Viene chillando su llanto de perro y lo abrazo, lo abrazo fuerte. En sus ojos asustados veo los míos. Juntos lloramos temblando. De pronto vemos que los tacones azules se parten mientras que los zapatos grandes pisan duro y aplastan los pies desnudos. Cierro los ojos, me aferro a Copo con toda mi desesperación y juntos rezamos para que este día se borre, para que nunca podamos recordarlo. Amén.

INMORTAL
Esperanza

Aquí estoy, sentada en la mecedora de mimbre. Como las piernas no me alcanzan hasta el piso, me impulso de la pared de atrás con las manos. Me balanceo duro y no paro. La mecedora está en el patio. Desde acá puedo ver los gatos vecinos que duermen y juegan en el techo. Anoche Tobita, mi gata que tanto quería, se cayó cuando intentaba saltar de un techo a otro y quedó tendida en el patio, con su barriga llena de gaticos para los que yo ya tenía nombres: Lucero, Pepino, Mariposa y Viento. Esperanza, que es mi nombre, lo tenía reservado por si nacían cinco.

Cuando Tobita murió quise que mamá hiciera una operación para salvar a los peque-

ños. Pero ella dijo que no tenía caso, que de todas maneras los gatos sin mamá no se crían y que, además, ya estaba loca por deshacerse de todos los animales.

Lloré mucho hoy en el entierro. Yo misma me ofrecí para hacer la ceremonia. Papá abrió una zanja en el solar, al lado del limón, y yo metí a Tobita dentro de una caja de zapatos para que los ojos no se le llenaran de tierra. Papá dijo que la caja se rompería de todos modos y que Tobita sería más feliz si pudiera servir de alimento al árbol. Me negué a hacerle caso y él, para que yo dejara de llorar, terminó echándole tierra a la caja y cubrió el sitio con unos ladrillos.

Le puse muchas flores y una cruz grande que yo misma hice con gajos del árbol. Alrededor coloqué cinco cruces pequeñas porque estoy segura que eran cuatro los hijos que iban a nacer. La quinta la puse por si la esperanza, porque dicen que nunca muere.

Y aquí estoy, meciéndome con mucha fuerza y llorando bajito, porque no puedo soportar esta muerte. Para todos parece normal, se preparan para salir, ya no comentan el asunto. Estoy esperando que se vayan porque luego voy a correr hasta la tumba, quito la tierra con las manos hasta encontrar la caja, saco a Tobita y le abro la barriga con las tijeras. Estoy segura que adentro aún está viva la Esperanza.

Luego, la vuelvo a enterrar sin caja. Después de todo, me gustaría ver los ojos de Tobita mirándome en los limones de la próxima cosecha.

COLORES
Camilo

Esta mañana estuve pensando las cosas bonitas que puedo pintarle a la maestra para la tarea que nos puso sobre las vacaciones. Todos los colores que recogí en el paseo que tuvimos el domingo: amarillo del sol encendido; azul feliz del lago quieto; blanco espumoso como encaje que se abría al paso de la lancha; verde esmeralda del césped suave que me acarició mientras quise rodar y rodar; azul niño del cielo que me servía de sombrero; verde turquesa de la falda que vestía la montaña; café del lomo calientito del caballo que monté; violeta del gigante que, trepado en una nube, me venía persiguiendo; verdes y más verdes de los árboles con salpicaduras multicolores y móviles de los pájaros: rojizo, lila, granate, naranja y limón; los colores fosforescentes de las mariposas como luces intermitentes de navidad; el rojo de la sangre que me salió del labio cuando me tropecé y caí contra las piedras; ese gris que empezó a formarse en el ambiente cuando por algo que no supe, papá y mamá discutieron y se fueron cada uno por su lado; el púrpura que se me atravesó en el corazón en ese mismo momento; el transparente de las lágrimas de ella bajándole por el rosado que se había puesto en las mejillas; y el negro negrísimo que vi cuando cerré los ojos para no ver el camino de regreso.

Pensándolo bien, para pintar sólo necesito un lápiz. Lástima que todas las cosas bonitas tengan un final en blanco y negro.

LA MUERTE DEL ABUELO
Marysol e Isabel

Cuando papá abuelito murió no me di cuenta. Sólo él y yo estábamos en la casa. Lo sentí ir hacia el baño con sus pasos lentos, llenos de un cansancio definitivo. No le hice caso cuando pasó por mi lado, porque estaba bastante ocupada con mis pepas de cristal. Se llevaba a cabo un campeonato entre la roja, la verde, la plateada y la café. Las impulsaba a todas hasta la meta con mi dedo índice, aunque yo quería que ganara la plateada porque era la más bonita y se merecía el premio. Justo cuando el abuelo pasó por mi lado, estaba a punto de coronar la roja y tuve que hacer trampa para que no ganara. Total, nadie me estaba viendo y afortunadamente mi hermano estaba en la escuela. Así no iba a pelearme porque la roja era de él.

Pedro se llamaba el abuelo. Era muy alto y aprendió a caminar encorvado cuando me llevaba de la mano a la tienda para comprarme caramelos. Encorvado era cercano a mi estatura. Así podía escuchar lo que yo le contaba. Mi mano entre la suya era como un pez preso. Apretaba fuerte y yo sentía su sangre muy caliente y un cosquilleo entre los dedos, como si mi mano estuviera a punto de ahogarse. Era lindo ver caer la tarde sobre sus piernas. No había escudo más fuerte que sus brazos.

Por mi culpa el abuelo se ganó muchos regaños. Era la lámpara encantada, el mago, el genio de la botella. Gracias a su presencia el almuerzo podía transformarse en chupeta, las palmadas en sueños. Sin su amor yo era como una fruta sin cáscara. Un día le oí decir que cuando muriera me llevaría con él. Mamá tuvo terror de sus palabras.

Cuando me disponía a iniciar la premiación, escuché un golpe fuerte que venía del baño y me asusté por un momento. El corazón me hizo como el tambor de la banda de guerra. Seguí su ritmo. Me pareció buena idea que la premiación se celebrara con tambores y todo. Terminó la ceremonia y me sentí un poco aburrida. Miré hacia el baño y lo que vi me pareció muy raro. La puerta estaba abierta y los pies del abuelo estaban tendidos, como cuando dormía. Vi sus alpargatas, sus pies color tierra, pero inicié otro campeonato. Esta vez prometí que iba a ganar la roja.

Cuando llegó mamá no quise mirarla. Seguí en el patio muy ocupada y todavía de cara a la pared. Oía su llanto y las palabras de la vecina que no la consolaban. Le ayudaba a cargar al abuelo hacia la pieza. Cuando pasaron por mi lado miré de reojo y me pareció ver un tronco que arrastran para hacerlo leña y llevarlo a la hoguera. Esta vez la plateada se quedó rezagada en la carrera, pero ya no me importaba.

Por la noche la casa se llenó de gente. Colocaron al abuelo en la mitad de la sala y todos pasaban a mirarlo. Desde mi altura sólo veía el vidrio. Nadie se dio cuenta de esto ni me preguntaron si quería verlo. Tanto mejor porque no hubiera dejado que me alzaran. Estaba muy ocupada ayudando a llevar café a los visitantes, al tiempo que contaba chistes a un hombre que estuvo sentado toda la noche en el sofá. Mis carcajadas interrumpían los rezos. Fue una de las noches más felices de mi vida porque nadie me mandó a dormir.

Al otro día se llevaron la caja en un carro negro y con paredes de vidrio. Como todo estaba lleno de flores, se veía bonito. Me hubiera gustado viajar con el abuelo y hacer adiós a todas las personas de la cuadra que miraban la cabalgata.

En el cementerio me encontré con Isabel, una niña que vivía en la esquina. Era algunos años mayor que yo y siempre llevaba la ropa sucia. Mamá nunca me había dejado hablar con ella porque no estudiaba y se la pasaba en la calle. De su casa salía un olor raro. Su madre también era sucia y despeinada. Isabel me tendió la mano y aprovechando que todos estaban muy ocupados frente a la tumba, me llevó corriendo a ver los peces en una pileta que había al final del cementerio. Esto fue lo mejor de aquel día. Saltamos por todas las tumbas, reímos hasta que ya no pudimos más y nos tendimos en la grama a jugar a las nubes.

Yo vi al abuelo que me llamaba desde el cielo: *Marysol, Marysol....* pastoreaba muchas ovejas, parecía volar y me invitaba a seguirlo. Quise irme con él pero me pesaba el cuerpo. Pedí a Isabel que me ayudara a subir. Ella logró colocarme sobre una estatua blanca que parecía un ángel. Tendí mi mano hacia arriba como si me encontrara en un pozo y quisiera que alguien me halara, pero cuando casi lo lograba, el abuelo despareció en el azul.

Tardamos mucho para encontrar el camino de regreso. Al llegar, la gente se había dispersado y mamá me buscaba desesperada. Cuando me vio, en vez de alegrarse, me pellizcó muy duro y me separó de Isabel. Mientras volvíamos a la casa, empecé a sentir un dolor en el pecho porque no volvería a jugar con mi amiga. Las lágrimas se me salieron y mamá me dijo que ella también estaba muy triste, pero que Dios se había llevado al abuelo al cielo. No le dije nada.

Pasaron muchos días y no volví a ver a Isabel. En su casa permanecía su madre, sus hermanos, el mismo olor, pero de ella no había rastros. Era como si la tierra se la hubiera tragado.

Cada semana íbamos a la tumba del abuelo a cambiarle las flores marchitas por otras rojas y frescas. Yo aprovechaba para colocarle en la lápida una palomita de papel. Un día, mientras mamá se distraía lavando en la pileta el jarro de las flores, aproveché para ir al sitio en que habíamos jugado con mi amiga. Al mirar la estatua del ángel, comprobé asustada que la niña blanca que me había servido de escalera para llegar al cielo tenía el rostro de Isabel.

Cuando murió el abuelo yo no sabía qué cosa era la muerte. De haberlo sabido, habría levantado la casa a gritos y nunca hubiera podido jugar con Isabel.

DICTADO
Fausto y Pablo

Aquí estamos en la clase. La profesora dicta una lección y todos copiamos. Cuando alguien no entiende lo que dicta, ella repite con rabia, porque dice que nos acostumbramos a ser sordos; que hay cosas que sólo suceden una vez y debemos estar atentos para no dejarlas pasar.

El tema es el de los pájaros. Pablo sí que sabe de pájaros. El otro día nos fuimos a jugar entre los árboles y él se trepaba como una ardilla en busca de los nidos. Cuando cogía alguno, lo levantaba con cuidado para mostrárnoslo, les sobaba la cabeza a los pichones y volvía a colocarlos en su lugar. Camilo, que siempre está tratando de ser el mejor, le gritaba que le regalara un pichón, pero Pablo no le hacía caso. El sabe todos los nombres de los pájaros de acuerdo a los colores. Dice que su abuela le enseñó muchos secretos antes de morirse y que le hizo jurar que nunca sería cazador.

Lástima que Pablo ya no pueda volver a la escuela. El otro día mordió al profesor de matemáticas porque le arrebató el cuaderno. Salió corriendo y para escapar se llevó la bicicleta de Camilo. Todos fuimos detrás de él y no pudimos alcanzarlo. Parecía volar entre los árboles. Camilo lloraba como un ternero porque quiere mucho su bicicleta. Todos le decíamos que Pablo se la devolvería y seguíamos corriendo. Pero nada. De pronto desapareció y no volvimos a verlo. Junto a la quebrada encontramos la bicicleta. Lo buscamos por todos lados pero debió meterse en la cueva en la que siempre se esconde. Sólo él conoce la manera de entrar en ella. Debe ser otro de los secretos que le contó la abuela.

Pablo era un buen amigo. Dicen que su mamá lo abandonó y ahora debe trabajar para comer. Yo quiero que vuelva a la escuela.

La profesora sigue dictando pero ya me quedé retrasado. Ojalá no pida el cuaderno porque ahora sí que se me acaba el mundo. Mi mamá me ha dicho que si no estudio voy a ser bruto como ella, que debe lavar pisos para ganarse la vida por no ir a la escuela. Yo creo que ella no es bruta y si lava pisos es porque le parece bonito. A mí sólo me gusta jugar.

El dictado se acabó pero simulo que sigo copiando. La profesora dice que hoy nos hemos portado bien porque no le hicimos repetir muchas veces. Lo que pasa es que tenemos miedo de preguntar, y cuando nos quedamos retrasados, dejamos un espacio y seguimos copiando. Al final de la clase nos decimos unos a otros y así completamos el dictado. Igual que los rompecabezas, pero con palabras.

Este tema de los pájaros es bonito. Claro que al copiarlo ya deja de gustarme. En el cuaderno los animalitos parecen muertos. Pablo dice que los pájaros son para volar.

EN EL CORAZÓN
Fausto, Marysol y Esperanza

Fausto es negro como su mamá. Ella trabaja aseando casas. El me contó que ayer, como no hubo clases, la mamá lo llevó a la casa donde trabaja. Ir no le gustó porque allí las cosas están puestas todas en vitrinas, como en un museo, y nada se puede tocar. Además, su mamá lo regañaba por todo, y él tuvo que quedarse sentado durante todo el día pensando y mirando por la ventana.

Siento un poco de tristeza por Fausto. Todas las tardes, después de salir de la escuela, llega a la pieza donde vive y se queda encerrado. Su mamá llega cuando es de noche. Cuando era pequeño ella lo amarraba a la cama para que no se fuera a la calle a jugar. Ahora que está más grandecito, ya no tiene necesidad de amarrarlo porque Fausto sabe que no puede salir. Después de servirse la comida fría, se queda dormido y sueña que está muerto. Al despertar, hace las tareas y se inventa juegos solitarios.

El me ha contado todo esto con la condición de que no se lo diga a nadie. Fausto es un buen compañero y yo lo defiendo siempre que Camilo, el antipático que siempre cree ser el mejor, lo empuja en la fila y le dice *negro mico come plátanos*. La profesora nos ha dicho varias veces que todos somos personas, no importa el color que tengamos, pero me parece que a ella tampoco le gusta Fausto. El otro día le rebajó la nota porque lo vio subido en el pupitre. Y era que él estaba tratando de bajar del marco de la ventana su borrador, porque allí se lo escondieron los compañeros para verle su cara de susto.

Hace unos días le quitaron el lápiz y por este motivo tuvo que aguantar dos castigos: la mamá le dio una golpiza por no cuidar las cosas y la maestra le puso cero por no hacer la tarea. A los dos días le dejaron el lápiz sobre el pupitre. Yo me di cuenta de todo y vi que Fausto, con rabia, lo partió en pedacitos. Así igual, siento que me vuelven pedacitos, cuando me castigan injustamente.

Fausto tiene la mirada triste pero cuando juega se le iluminan los ojos. Me ha dicho que de todos los compañeros prefiere a Pablo y de todas las niñas me prefiere a mí. Ahora Pablo no está y entonces en el recreo viene a quedarse conmigo. Mi mejor amiga es Esperanza pero a ella no le gusta jugar con los niños. Dice que son pesados y siempre están haciendo bromas tontas. Es un poco difícil tener dos amigos que no se quieren entre ellos. A veces tengo que partirme en dos, como una naranja, para no tener problemas con ninguno. Una parte del recreo estoy hablando con Fausto, otra parte estoy jugando con Esperanza.

Esta mañana ella me contó que está muy triste porque se murió su gata. Cuando me lo contaba todavía le salían lágrimas y yo no entendía cómo se puede llorar por un gato si ellos son tan serios y egoístas. Siempre están buscando caricias, ronronean alrededor de uno, le pasan la cola por todos lados, pero no devuelven un poquito de amor. La veía llorar y para no reirme pensé en Copo. En ese momento estuve imaginando qué pasaría si ya no tuviera su hocico frío, su cola loca, cuando llego de la escuela. Qué sería de mí si un día Copo no estuviera echado entre mis pies cuando hago la tarea, si no me defendiera cuando papá llega borracho, si no me diera su abrazo calientico cuando le hablo y le cuento cosas que nadie más puede saber.

Al pensar en todo esto ya no pude aguantarme y empecé a llorar, a llorar despacito, y luego la abracé para acompañarla. Esto me hizo acordar de la muerte del abuelo y recordé que, aquel día, no se me ocurrió llorar. En ese tiempo no sabía que se llora cuando pasan cosas tristes. Tampoco sabía cuáles son las cosas tristes. Ahora sé que una cosa terriblemente triste sería la muerte de mi Copo.

Esperanza se calmó cuando pensó que yo también lloraba por su gata.

—¡Pero si no te gustaba Tobita! —me dijo.

Yo me quedé mirándola y se me ocurrió decirle algo bonito:

—Cuando el cielo está negro es porque viene la lluvia. Y cuando la lluvia cae, le abre paso al sol. Parece que las lágrimas son como la lluvia. Tal vez por eso hace falta llorar.

Entonces ella pareció aliviarse y me contó con detalles cómo había enterrado a Tobita con la ayuda de su papá, y luego la había desenterrado cuando se quedó sola en la casa.

—¿Y qué? —le pregunté muy afanada— ¿Encontraste en su barriga la gatica que buscabas?

—No —dijo con cara de desilusión—. Me asusté mucho cuando la vi. Estaba muy tiesa y fría, ya no le brillaban los ojos y volví a taparla con la tierra porque esa ya no era mi gata. Mi gata está ahora en el corazón.

En ese momento sonó la campana y salimos corriendo para el salón.

En la clase le hice a Esperanza el dibujo de un gato dentro de un corazón grande y se lo puse en el pupitre. Le debió gustar mucho porque me devolvió un papel con la palabra *gracias*. Sentí su cariño en el papel y pensé que es muy fácil hacer que un amigo sonría.

Bastan unas palabras o un dibujo para que todo se olvide.

Ojalá que Esperanza nunca me haga un dibujo con un perro dentro de un corazón, porque ese día voy a estar tan triste que no voy a querer volver más a la escuela.

LA TAREA
Camilo y Esperanza

Camilo es el más aplicado de la clase. Por eso todos le tienen bronca. Además, porque se viste de una manera que parece estar siempre de fiesta. Hoy vino vestido con una camisa rosada, y eso que el uniforme de los niños tiene camisa blanca. Los profesores siempre le llaman la atención por eso, pero él dice que hoy la camisa del uniforme estaba sucia y no está bien que un niño ande sucio. Entonces lo dejan tranquilo y le dicen que le perdonan, pero que será la última vez.

El siempre me presta las tareas cuando alguna se me olvida, aunque sabe que no juego con los niños. De todas maneras, el día que iban a escoger al más juicioso del salón para que nos representara ante la alcaldía, yo voté por Camilo.

Ahora me parece que algo le pasa. La semana pasada debíamos traer una composición sobre lo que habíamos hecho en las vacaciones. Todos la entregamos menos Camilo. Cuando la profesora le dijo que la leyera en voz alta, levantó su cuaderno, leyó el título, y se sentó sin leer más. Todos nos quedamos aterrados. No entendimos nada. La medalla que le cuelga del saco se le movía para todos lados, porque estaba temblando, hasta que no pudo más y se agachó sobre el pupitre. La profesora le dijo que tenía uno y él siguió en la misma posición. Casi todos los compañeros se pusieron muy contentos porque al fin Camilo dejaba de ser perfecto.

A la hora de la salida me le acerqué y le pregunté por qué no había querido leer la tarea. El se quedó mirándome y me dijo que me contaría si yo no se lo decía a nadie. Le juré por Dios que no iba a contar, pero él sólo añadió:

—Es que mi mamá y mi papá se van a separar.

Yo me quedé mirándolo fijo, porque no entendí nada. Entonces abrió el cuaderno de español y me mostró un dibujo lleno de colores, demasiado bonito para poder contarlo.

—Pero Camilo— le dije— ¿No escribiste nada?

—No pude.

Después no hubo más tiempo de hablar porque llegaron Marysol y Fausto. Todavía sigo sin comprender. Tal vez Camilo no entendió que la tarea era escrita, y claro, ¡un dibujo no se puede leer!

Pobre Camilo. Aunque, pensándolo bien, no entiendo qué relación tiene eso con lo del papá y la mamá. Definitivamente debe estar chiflado.

PÁJAROS
Pablo

Los pájaros van de rama en rama, vuelan muy lejos y luego regresan. Yo sé cuáles son los que van a regresar. Los tengo identificados por su manera de cantar, o por la ruta de sus movimientos en los árboles. El turpial no puede ocultarse aunque quisiera. Su amarillo es fuerte y a la vez dulce. Pica las ramas y canta con alegría. No me tiene miedo porque sabe que no quiero cogerlo. El cría sus hijos en el árbol más grande, allí donde ningún cazador pueda alcanzarlos. Dicen que algunos turpiales mueren de rabia, no de la enfermedad, sino del mal carácter. Aunque no me imagino cómo un pájaro tan lindo puede ser capaz de albergar rabia en su corazón.

El canto de los canarios es más espaciado y menos escandaloso. Parece una flauta, pero una flauta de oro. Los hay amarillo pálido, amarillo con café, café claro, naranja y amarillo-limón. También he visto algunos con manchas casi rojas. Los canarios son más amistosos. Varios de ellos ya me conocen y se dejan tocar. El macho es el que canta, y cuando lo hace, apunta con su pico al cielo y su garganta se hincha. Entonces parece crecer. Sus nidos son muy pequeños y mi abuela decía que sólo tienen hijos cuando son felices.

El gorrión también es pequeño. Viene muy poco por este lugar, pero cuando viene, lo conozco por sus manchas rojas y negras sobre un fondo pardo y porque siempre tiene prisa. Me parece un pájaro serio. Pocas veces lo he oído cantar pero debe cantar muy lindo porque he escuchado muchas canciones que tienen su nombre. Quisiera verlo de cerca.

Las golondrinas, en cambio, vuelan muy alto. Sus alas son largas y casi siempre viajan en grupo. *Deben pasarla muy bien y divertirse mucho mirando la tierra desde arriba. Para las golondrinas nosotros seremos unos pobres*

pájaros que no terminamos de levantar el vue-
lo. Esto decía la abuela. Ella me enseñó que hay muchos pájaros y nunca acabaremos de conocerlos. Y que la peor manera de conocerlos es cazarlos o examinarlos en la mano.

—¡Así no tiene gracia! —*decía*—, es como si quisiéramos conocer el sol apagando su fuego.

Por eso cuando Camilo y los otros compañeros venían hasta aquí para que yo les bajara los nidos, o para aprender a cazar, prefería pelearme con ellos. Cualquier cosa antes que incumplir el juramento que le hice a la viejita. No debo ser cazador. Tampoco ladrón.

Ahora que no voy a la escuela, paso los días trepado a los árboles o metido en la cueva de la bruja. No tengo miedo porque la abuela me acompaña. Allí he aprendido también cómo viven los murciélagos. Parecen pájaros malos. Dicen que fueron aves, que por tener mal corazón, Dios los castigó a ser mamíferos y a vivir siempre ocultos del sol. Pero yo los he visto dar de mamar a sus crías, y cuando lo hacen, parecen buenos.

A mí también me tienen miedo los chinos porque les tiro piedras cuando me gritan que me voy a quedar burro por no volver a la escuela; que el profesor va a venir a castigarme por haberlo mordido; que me ha denunciado a la policía. No creo nada de eso. Pero si me vuelvo burro, será de tener que trabajar desde niño. Además, me gustan los burros. En todo caso, si me he de convertir en un animal, puede ser en murciélago, de tanto vivir en la cueva. Seré feo, pero así nadie va a querer cazarme.

LA ESCUELA

La escuela es como una vieja alta, con la piel blanca y un olor a tierra mojada. Las paredes están pintadas con cal y llevan un zócalo de esmalte verde. Arriba se le ven grietas que conforman el croquis de un mapa. Las puertas, gigantescas, también son verdes con viejas cerraduras de llaves perdidas. El techo de vigas muestra la humedad y la carcoma de los años. Cuatro corredores enmarcan el patio de baldosas de piedra. Unos pilares, igualmente verdes, dividen los corredores y el patio. En el centro de éste, una pileta con una estatua de la virgen en yeso. Lleva en brazos un niño y sonríe mirando al cielo. La pileta está llena hasta el medio con un agua verde y pueden verse algunos peces pequeños en el fondo. Por el agua navegan palomitas de maíz, pajaritas, uno que otro barco de plástico y un avión rojo clavado en el fondo.

Los salones son amplios y con el piso de cemento. Los pupitres grandes, algunos con cuatro y otros con tres puestos; un olor a goma de borrador, a tinta azul, a papel caliente, a cachorro recién bañado; los cuadernos reposan sobre los asientos. Algunos abiertos todavía, registrando la prisa de manos que dejaron una palabra a medio escribir; dibujos recién iniciados y sin color; en el tablero, la palabra *silencio* escrita en mayúsculas e iniciada con la letra "c"; al lado, el esquema de muchas operaciones matemáticas enumeradas, trazadas con una letra fuerte y bien delineada.

A lo lejos, el murmullo de gritos, risas, voces, como el sonido de un río feliz. De pronto, una campana rompe el bullicio y el silencio es un tren que crece y amenaza con descarrilarse. El tren se acerca, toma los corredores y desemboca en los salones, en donde se convierte en una algarabía. El recreo ha concluído.

EL APUNTADOR

Hoy el profesor nos volvió a dejar la tarea escrita en el tablero y se fue a la reunión. Otra vez me dejó encargado de que los niños hagan silencio. Por eso me he ganado muchos enemigos. El negro Fausto y Jorge me tiraron todo el tiempo cáscaras de naranja. Marysol y Martha estuvieron diciéndose secretos y riéndose de mí. Menos mal que Esperanza no les siguió el juego y estuvo toda la hora callada y haciendo las operaciones. Otros saltaban sobre los pupitres. Como me aburrí de hacerlos callar, escribí en el tablero la palabra *silencio* y me senté a hacer mi tarea.

Las operaciones eran muy largas: había divisiones, raíces cuadradas, fraccionarios para sumar, restar, multiplicar y dividir. Y, como si fuera poco, al final unos problemas para resolver. No había tiempo para pensar. Recordé que había traído la calculadora que papá me regaló en mi cumpleaños, pero ¿Cómo iba a sacarla? Todos me acusarían ante el profesor. Me parecía escucharlos: "¡Camilo hizo trampa! ¡Camilo hizo trampa!"

Resignado, decidí continuar resolviéndolas de memoria. Soy el ejemplo de la clase y la medalla de acero me pesa en el pecho. Quisiera arrancármela de un manotazo. Es como un castigo pero al revés: un premio que me hace sufrir. Todos te tuercen la boca en un gesto de desprecio, hablan de ti por detrás y, cuando sales de la escuela, no quieren acompañarte a casa. Menos Esperanza. Ella es la única que me sonríe.

Cuando terminé todas las operaciones, faltaban cinco minutos para que se acabara la clase. Miré a todos lados y mis compañeros se afanaban por empezar a copiarse los resultados. Ahí fue cuando me di cuenta que Hugo, el grandote de la última banca, tenía una calculadora y le dictaba a todos los resultados. Sentí mucha rabia, pero de pronto se me ocurrió que el profesor revisaría los cuadernos, miraría los borronazos y los pasos de las operaciones, y entonces se daría cuenta del engaño. Me quedé callado y esperé.

Sonó la campana para irnos al recreo. El profesor volvió muy apurado. Iba a darle la lista con los nombres de los desaplicados (al final, casi todos los niños estaban anotados. Sólo faltábamos yo y Esperanza) pero él no me puso atención. Parece que se olvidó de que me había encargado. Borró las operaciones del tablero y dijo que nos felicitaba por haber hecho los ejercicios y que mañana empezaría una nueva lección. Todos brincaron de felicidad porque no iba a revisar el cuaderno. Me hicieron muecas y siguieron diciéndome groserías.

Me sentí como debe sentirse un payaso cuando nadie se ríe, o como un muñeco de peluche estrujado. Esperé que todos se fueran, cogí la lista, hice un avión con ella, y lo estrellé contra la cabeza del profesor. Claro que el profesor ya había salido y no se dio cuenta que su cabeza quedó hecha trizas.

Mañana, cuando me quieran poner de apuntador, voy a sacar valor para decir que no, que coloquen a otro en mi lugar, porque yo quiero tener amigos. Sé que me quitarán la medalla, papá creerá que me he portado mal, y me pondrá un castigo. Estoy perdido.

LA MENTIRA

Después del recreo nos dejaron ir de la escuela sin explicarnos por qué. Cuando llegué a casa, mamá no me creyó. Fue a preguntarle a la vecina si era verdad que la escuela había soltado temprano a los niños. Ella le dijo que no porque todavía Milton, el hijo que está en tercero, no había llegado. Cuando mamá iba a castigarme porque, según ella, me había volado de la escuela, afortunadamente pasó por el frente de la casa una niña que llevaba puesto el uniforme. Mamá se contuvo. De todas maneras fue como si me hubiera pegado. Seguía dudando y me miraba raro.

Las mentiras son cosas que usan los mayores cuando no saben qué decir, cuando olvidan una promesa o sacan una ventaja al mentir. Los niños aprenden a mentir cuando tienen miedo de decir la verdad. El miedo es como un animal que te coge del cuello y ya no te suelta. Entonces tienes que inventar cualquier cosa. Mamá cree que miento cuando ella supone que tengo miedo de decirle la verdad. Yo he aprendido a decir mentiras para evitarle el disgusto. Pero esta vez no miento y ella no me cree.

A la hora de la comida escuchamos unos gritos en la casa vecina. Era Milton que saltaba de dolor porque su mamá lo castigaba por haberse ido a jugar a la cancha. Escuchamos cómo le decía que no fuera mentiroso, que ella sabía que la escuela había cerrado temprano porque me había visto llegar hacía varias horas.

Miré a mamá y me pareció que estaba satisfecha. No me gustó oír los gritos de dolor de Milton, ni me alegré porque esta vez me hubiera salvado del castigo. Al contrario, escuchaba los correazos en su cuerpo y me parecía que eran en mi piel. Hubiera podido ser al revés: Milton escuchando los correazos en mi cuerpo.

Sigo pensando en la mentira: si Milton no hubiera tenido miedo de decir que quería ir a

jugar a la cancha; si a su mamá no le pareciera malo que él quisiera jugar en la cancha; si él no se sintiera obligado a mentir y la mamá a castigar; entonces, tal vez a esta hora estarían los dos comiendo en paz. Y de sus cabezas saldrían, como en las tiras cómicas, unas palabras que no pueden leerse, metidas en dos corazones.

LA FLOR

He decidido que seré un niño ermitaño. Creo que así llaman a las personas que quieren vivir solas y alejadas de las otras. Mi casa será la cueva. Mis amigos los pájaros y los murciélagos. Mi cama, la tierra. El camino, la quebrada y los árboles, serán el croquis de mi mapa. Poco a poco, todos se olvidarán de mí y yo me olvidaré de todos.

Hoy vi de lejos a los compañeros. Iban saliendo temprano de la escuela y corrí para que no me alcanzaran. Fausto alcanzó a verme y me llamaba muy fuerte. No le hice caso, aunque era buen amigo.

Traje las pocas cosas que me quedaban en la casa: un reloj de cuerda que ya no sirve. Mamá lo usaba para que no se me hiciera tarde; dos cobijas de rayas con el olor de mi hermana; mi ropa en la tula azul; un pocillo y un plato que son míos desde que era muy pequeño; un banco de madera pintado de negro; la pelota de colores y los tenis de jugar fútbol, que hace tiempo no me quedan buenos, pero que guardo porque su olor me recuerda la navidad. Iba a dejar los cuadernos pero después me decidí a echarlos en la tula. Para no olvidarme de los números y las letras.

Creo que nadie me vio. La vecina estaba muy ocupada. Se sentirá aliviada de no tener que hacerme la comida con la plata que le dejó mamá. Hasta se creía que yo era su hijo y quería pegarme como a los de ella. Ya soy grande y puedo vivir solo. Buscaré un trabajo para tener comida y, mientras lo consigo, tal vez me suba a los árboles y, como los monos o los pájaros, voy a aprender a comer pepas y frutas raras. La carne no podré cazarla porque le hice la promesa a la abuela. Tampoco robarla.

Anoche me pasó una cosa muy rara. Había terminado de arreglar mis cosas dentro de la cueva, tenía mucho sueño y un poco de hambre, cuando me pareció escuchar una canción en mi oído. Era la voz de una niña o de una mujer. Abrí los ojos y pensé en la bruja. Entonces el corazón empezó a trotarme en el pecho. Recordé que a los niños malos les pasan cosas malas, aunque yo me siento bueno. Empecé a rezar para adentro y apreté los ojos muy fuerte. Sentí algo mojado en la cara. Por el sabor del líquido me di cuenta que eran lágrimas.

Soñé que una niña muy sucia, con cara linda, había venido a visitarme. Me hablaba cosas que no recuerdo y su voz era como el canto de los pájaros, aunque con palabras. Recuerdo que me entregó una flor y me dijo algo que debió ser bonito, porque cuando desperté ya no tenía miedo.

Hoy me levanté y fui a bañarme en la quebrada. Hasta ese momento había olvidado por completo lo de la noche anterior. Cuando regresé a la cueva, junto a mi ropa, encontré una flor dormida. Es una flor muy rara. Nunca he visto algo parecido. Tiene un color azul profundo y en el centro un pistilo dorado. Sus pétalos están casi cerrados y su olor es a madera recién cortada. La estaba mirando y de pronto el olor me hizo recordar a la niña del sueño. No entiendo nada. Dicen que los sueños son mentira pero, entonces, ¿cómo pasó la flor desde el sueño hasta mis manos? ¿Me estaré volviendo loco? La niña me la dio para que no tenga miedo. Lo sé por esa tranquilidad que me da cuando la huelo.

ROMPECABEZAS DE PALABRAS

En las noches la flor se abre y riega su perfume por la cueva. Es como los búhos: duerme de día y abre sus ojos en la noche. Parece saber que de noche el miedo crece y se hace fuerte, mientras uno se encoge y se convierte en enano. La flor se mueve con mi respiración y hace como si saludara.

Los murciélagos se espantaron de la cueva desde que yo vivo en ella. Tal vez tuvieron miedo de mí o quisieron dejarme solo para no incomodarme. Hoy encontré una amiga. La niña apareció en el camino cuando bajé de los árboles y se acercó para hablarme. Tiene la cara sucia y los ojos le brillan. Me contó que no tiene casa y me alegré porque en algo nos parecemos. Camina por las calles buscando cosas inservibles y olvidadas por la gente:

—Es como pescar cosas que no se mueven. —Me dijo.

Le pregunté qué cosas había recogido.

—La pierna de una muñeca, la mitad de un balón, una peinilla sin dientes, la voz de un teléfono, dos ruedas de un carro, un pedazo de tela, la imagen en un espejo...

—¡Un momento! —La interrumpí enojado— ¿Y eso para qué sirve?

—A la gente no le sirve para nada. A mi me sirve para todo.

—¿Para qué te sirve? —le pregunté.

—Para armar rompecabezas.

—¡Estás loca! ¡Absolutamente loca!

—Rompecabezas de todo lo que la gente ha perdido. Yo lo armo mientras invento una historia

—Cuéntame la historia.

Érase una vez una muñeca linda que jugaba con un balón mientras su mamá trataba de peinarla con una peinilla de oro. En un espejo se veía a la niña llena de felicidad con su vestido rosado. Sonó el teléfono y era una amiga que la llamaba para invitarla a una fiesta. En ese momento, su balón saltó hacia la calle y la muñeca salió a traerla, pero ¡oh desgracia!, un carro pasaba y con sus dos ruedas la cogió. El balón se partió por la mitad, la peinilla perdió sus dientes, la voz de su amiga se quedó en el teléfono y la imagen de la muñeca quedó para siempre congelada en el espejo.

—Es bonita pero es triste. Además ¿Para qué sirven las historias?

Le volví la espalda y seguí mi camino. Pero ella me dijo:

—¿Y para qué sirven los pájaros?

Mi sorpresa fue grandísima. Di marcha atrás para preguntarle:

—¿Cómo sabes que me gustan los pájaros?

—Todo el mundo lo sabe. Son tus hermanos. Y sirven para que los ojos vuelen y para darle color a la mirada.

Me dejó mudo. Se fue y me quedé mirándola. Cuando iba muy lejos le grité:

—¿Cómo te llamas?

—Isabeeeeel

Y se perdió en el camino.

He decidido que mi flor se va a llamar Isabel. Porque me quita el miedo y porque ella me ha enseñado que también con las palabras se puede jugar y armar rompecabezas.

ORDEN Y ANARQUÍA

Desde que papá y mamá se separaron, y vivo sólo con ella, ahora tengo que ayudar con los oficios de la casa. Igual que las niñas. Para que no me vuelva perezoso, papá me puso un horario que me dejó por escrito y el cual debo cumplir: me levanto a las 6, me baño, desayuno, tiendo la cama y me voy a la escuela. A la una de la tarde, cuando regreso, almuerzo y ayudo a lavar la loza. Entre las dos y las tres, mamá siempre hace la siesta. Antes la hacía con papá. Ahora que él se fue de la casa, ella quiere que yo esté con ella. Aunque no tenga sueño me acuesto a su lado y dejo que me abrace hasta que se duerme. Luego, muy despacito, me voy a hacer las tareas porque a las cuatro, si ya las he hecho, puedo ir a montar bicicleta al parque.

A las 6 debo estar en la casa para comer, puedo ver televisión dos horas, y luego me voy a la cama. Al otro día igual. Papá viene los domingos y me pregunta si he cumplido el programa.

—Sí, papá, aunque ya estoy cansado.

—¿Por qué?

—Es que todos los días no tengo ganas de hacer las mismas cosas a la misma hora. Por lo menos si pudiera cambiar el orden...

—Orden es lo que se necesita en este país y debe aprenderse desde que uno es muchacho. Lo contrario se llama anarquía.

No le dije nada más porque vi cómo la vena de su cuello empezaba a saltar. Me quedé pensando en la palabra *anarquía*. No sé lo que quiere decir, aunque me parece que debe ser algo divertido.

Enseguida me dijo que el año entrante va a ponerme a estudiar en un colegio interno que queda a varias horas de distancia. Para que me eduque con más orden, porque vivir sólo con mamá me va a hacer mucho daño. La noticia no me gustó.

—Es un colegio lleno de jardines por todos lados, Camilo. Además, iremos a visitarte todos los domingos.

—Será como estar en una cárcel. Una cárcel de niños.

—Ya es hora de que aprendas a ser hombre. Déjate ya de quejas.

No sé lo que significa *aprender a ser hombre* pero me suena a algo triste. No pude aguantarme las ganas y, antes de que pudiera voltear la cara, una lágrima me delató. Entonces papá empezó a gritar y a decirme niña. Por eso yo le grite también:

—Lo que me gustaría es ir a un colegio de *¡anarquía!*

Entonces sí que las cosas se pusieron malas. No sé qué fue lo que dije pero debe ser como una grosería porque papá me chantó un bofetón, con tanta fuerza que me hizo caer.

Me fui llorando al cuarto y allá me di cuenta que la boca me estaba sangrando. El se fue a hablar con mamá, los oí discutir y luego sentí el golpe de la puerta al ser cerrada con furia.

Daría todo porque no llegue el año entrante. No volveré a ver a Esperanza ni a saber nada de mis compañeros. Sólo de imaginarlo tengo ganas de morirme. La solución debe ser la *anarquía*...

DESOBEDIENCIA

Hace una semana vi a Pablo cuando venía de la escuela. Iba atravesando el parque, llevaba muchas cosas en las manos y una tula azul. Parecía estar de viaje. Lo llamé y él no quiso mirar. Parece que en la reunión de padres contaron que Pablo se fue de la escuela, porque mamá me dijo que no quería verme más con él.

—Pero si es mi mejor amigo —le dije.

—Era. Ahora se volvió gamín y no puede ser un buen amigo.

—Lástima. El me contaba cosas de los pájaros.

—Si sé que te juntas con él no respondo.

La amenaza me puso triste. Sé que Pablo no es malo y quiero seguir hablando con él.

Aunque tenga que disfrazarme de algo para ir a buscarlo a la cueva, iré. Aunque mamá me reviente el cuerpo, iré.

Por eso hoy, cogí el almuerzo, lo eché todo dentro de una vasija plástica, lo metí dentro de una bolsa, y lo guardé en la tula de los libros. Después me quité el uniforme, me vestí con una ropa de cuando era pequeño, me puse una cachucha y me fui por el camino que conduce a la cueva.

Cuando llegué a la quebrada, empecé a silbar así como Pablo me enseñó a silbar, como los turpiales, y él apareció entre las piedras.

—¿Qué quieres? —me dijo.

—Almorzar contigo.

No me contestó nada. Se vino hacia mí y sonrió. Saqué la vasija, la abrí y se la puse para que comiera.

—Se me olvidaron los cubiertos. Tenemos que comer con la mano.

Pareció no importarle y comenzó a comer como si tuviera mucha hambre. Yo también comía pero menos, porque de pronto se me quitó el apetito.

—¿Con quién vives ahora?

—Con nadie. O sí, con Isabel.

—¿Quién es Isabel?

—Una amiga que conocí y que viene a visitarme.

Aunque no entendí nada, no quise preguntarle más.

—En la reunión de la escuela contaron que fuiste expulsado y todos los papás tienen miedo de que nos juntemos contigo.

—No me expulsaron. Me fui corriendo con mis piernas.

—Es verdad. Fuiste valiente al morder al profesor. Se lo merecía.

Se quedó callado. Terminamos de comer y luego Pablo me preguntó si quería subir con él a los árboles. Le dije que sí quería, pero que tenía que irme ya.

—Lo que pasa es que tienes miedo de que te vean conmigo.

—No es por eso. Es que... está bien, vamos a los árboles.

Fuimos y Pablo me contó más cosas que ha aprendido desde que no va a la escuela: cantos que ha inventado con la música de los pájaros; combinaciones de colores que no había descubierto; sabe cuándo los pichones piden comida y cuándo sólo quieren calor; conoce las variedades de olores entre las flores y las frutas; sabe la hora que es mirando hacia el cielo.

—Todo eso no nos lo han enseñado todavía en la escuela —le dije asombrado.

—Tampoco lo van a enseñar. —me contestó.

De pronto caí en la cuenta que debía ser muy tarde por el color que empezaron a tomar las ramas.

—Dios mío. ¡Se me hizo tarde! —dije mientras saltaba asustado del árbol y casi me parto una pierna. Cogí las cosas y salí corriendo.

—Adiós, Fausto, —me gritó Pablo— ojalá no te castiguen por jugar conmigo.

Llegué a la casa muy agitado y por suerte mamá todavía no había vuelto. Me puse a hacer las tareas pero no podía concentrarme. La desobediencia es como una picazón que te recorre el cuerpo.

Pablo no es malo pero todos lo ven como si fuera un animal contagioso. ¿Me habré contagiado de algo? ¿Y si mamá lo notara?

No se puede vivir con tantos secretos. Las mamás los leen en los ojos. Voy a tenerlos cerrados cuando ella llegue y no los voy a volver a abrir hasta mañana.

NADA ES PERFECTO

Desde hace varios días Camilo ha cambiado de una manera increíble: ya no es el primero en entregar la tarea, sus notas han dejado de ser las mejores, se calla cuando los profesores hacen alguna pregunta, aunque todos sabemos que él es el único en saber la respuesta. Para colmo de todo, ya no quiere servir de apuntador. Por eso hoy le quitaron la medalla de excelencia. *Porque cría fama y échate a la cama*, dijo la profesora de español.

A la hora del recreo quiere meterse en los juegos bruscos de los otros niños y ellos han empezado a aceptarlo poco a poco. Yo no puedo entender por qué Camilo quiere que lo consideren un niño indisciplinado, siendo el más inteligente del curso.

—Porque si eres el mejor, entonces te sientes solo —me respondió.

—Pero Camilo, todos quisiéramos tener la medalla y tú te la has dejado quitar. ¿Será que te estás volviendo loco? —le dije muy preocupada.

—Es que ahora quiero tener amigos. Ser el sabelotodo de la clase sirve para que los profesores digan cada vez que ustedes no entienden algo: ¿y por qué Camilo sí lo entendió? Si yo me callo ustedes podrán preguntar y no les dirán brutos. Además, no quiero seguir sacando buenas notas para que no puedan trasladarme a ese colegio interno.

—¿Es que acaso te piensan trasladar?

—Sí. Pero yo no quiero porque allá estaré preso.

—Entonces vuélate de la casa, como Pablo.

—No sería capaz y no creo que esa sea la solución. La solución se llama *anarquía*.

—Y ¿quién es esa señora?

—No sé. Pero la voy a encontrar. No

digas nada, Esperanza, o dejarás de ser mi amiga.

Me hizo prometerle que no se lo contaré a nadie. Después de hablar con Camilo me sentí mucho más confundida. Antes hubiera dado todo porque me colocaran, así fuera un sólo día, la medalla de excelencia. Pero Camilo me hizo pensar en que no es lo máximo. Él la ha tenido y eso no lo hace feliz. Además, me gustó eso que me contó de esa señora *Ana... algo*. Tal vez ella también pueda ayudarnos a que todos los niños seamos felices.

LA PREGUNTA

Hoy Esperanza me lo contó después de rogarle mucho. Me dijo que le prometiera que no se lo diría a nadie y se lo jurara por lo que yo más quiero. Se lo juré por Copo. Me dijo que Camilo ya no quiere ser el mejor de la clase y que va a ver a una señora que se llama *Ana... algo* porque ella ayuda a los niños a ser felices.

—¿Y esa señora dónde vive?

—No me lo quiso decir. Pero te lo contaré cundo lo sepa.

—¡Qué bueno! ¿O sea que ahora vamos a hacer lo que queramos?

—¿Por qué lo dices?

—Porque no hay nada que nos haga a los niños más felices que hacer lo que queremos.

—¡Ah! Pero ¿Tú crees que los papás nos van a dejar?

—Claro que no. Papá dice que todo lo bueno se debe luchar. Además, puede que esa señora también ayude a los grandes a hacer lo que quieren. Entonces, si todos somos felices, no habrá discusión.

—¡Claro! ¿Cómo no se me había ocurrido? ¡Qué alegría!

Esperanza se fue alegre y yo me quedé pensando en lo que ella me dijo. Cuando estábamos comiendo le pregunté a todos en la casa si ellos eran felices. Mi pregunta debió ser muy mala porque me miraron con cara de temor y luego, sin haberme respondido, papá me dijo que dejara de ver tanta televisión. Luego vi que mamá tenía una mueca de risa y mi hermano mayor soltó una carcajada.

No me gustó que se rieran de mi pregunta porque yo creo que no era un chiste. De todas maneras creo que los puse a pensar.

DON MIEDO Y DOÑAS MENTIRAS

A Fausto le encanta decir mentiras. Para él realmente son sus verdades más apetecibles porque le brotan del alma. La verdad es como una especie de balón usado que todos se pelotean de aquí para allá y que, en realidad, pertenece a todos y a nadie. Sus mentiras son sólo de él y nadie tiene por qué conocerlas.

—Esta mañana la profesora me preguntó cuáles son las clases de pinos que existen en el mundo y yo le respondí muy rápido y en voz alta: son ciento dieciocho pinos. Y le dije sus nombres, sin equivocarme, en 8 minutos y 15 segundos. Por eso me colocó cinco.

—¡Qué bien mi amor! me gusta que seas

inteligente. Me haces feliz —dijo mamá muy emocionada.

¿No es hermoso mentir para ganarse un beso, o para hacer feliz a mamá, que tantos trabajos pasa? ¿No vale la pena para verla sonreír?

Sus mentiras no hacen daño a nadie. En cambio, ha aprendido que la verdad resulta como un garrotazo en pleno rostro.

—No es cierto, Fausto, —le dijo Marysol—. La verdad es bonita. También nos hace sonreír.

Lo que sucede es que Fausto no ha conocido verdades que lo hagan reír de buena gana. Para él las cosas verdaderas siempre han sido como el acero: el cansancio de mamá, su encierro en el cuarto, la rutina de comer solo la comida que no tiene ganas de calentar y que sabe a manos afanadas. Por eso necesita esas dulces mentiras que lo hacen destornillarse de la risa, esos juegos terribles de morirse de varias maneras y resucitar hecho un trompo feliz.

Fausto cree que la mentira (que para él es verdad porque es su propia manera de imaginar y sentir) es algo que sólo se puede compartir con los chicos, porque los grandes no la aguantan.

—Es al revés. —le dijo Camilo— Los mayores siempre están exigiendo la verdad a los niños. Pero, entre ellos, siempre se dicen mentiras.

Esto puso a pensar seriamente a Fausto. Si ésto era cierto, entonces no se sentiría culpable por decir mentiras. Total, no se las estaba inventando por hipocresía sino por miedo.

El miedo, siempre el miedo. El miedo al castigo de papá o mamá; el miedo a que la profesora te ponga una mala nota o te saque a pellizcos de la clase; el miedo a que te dejen solo; el miedo a la oscuridad, a un animal real o imaginario; el miedo a que no te dejen hacer lo que más quieres.Y finalmente, ¿qué es el miedo?

—Es el método para quedar tonto por siempre.

—Es la única manera de lograr que obedezcas todo y nunca sepas por qué.

—Es el método más rápido de fabricar personas sumisas y con sello de garantía.

Don Miedo es un hombre muy viejo, con una estatura enorme que no cabe en ninguna parte del mundo. Por eso debe andar encogido y escondido en el lomo de las montañas que surcan el planeta. Su piel es como un fuelle, pues de tanto crecer ha ido formando pliegues y pliegues. No tiene ojos porque el miedo es ciego e indefenso. Su voz es una mezcla de gritos y susurros de viento. No sabe hablar. Donde encuentra palabras, don Miedo tiene que huir aterrado porque ellas siempre tratan de descubrirlo y acosarlo hasta que acaban con él.

Se alimenta de pesadillas, de cosas sin cabeza, de extraños presentimientos; de lo que piensan los adultos cuando la vida es como una ropa grande que no pueden vestir; de lo que sienten los niños cuando los grandes los aplastan. Por eso don Miedo nunca se preocupa por el alimento; le basta y sobra todo el que rueda por el mundo.

Don Miedo es el amigo preferido de doñas Mentiras. Ellas son unas criaturas traviesas, mitad animal, mitad globo. Con su parte de animal respiran y miran hacia todos lados, en busca de una oportunidad para meterse en la boca de las personas. Con la parte de globo flotan, se alimentan de aire y se hacen ligeras.

Las hay de todos los tamaños y condiciones: pequeñas, gigantes, regordetas, delgadas, flácidas, fuertes. Son transparentes porque deben pasar inadvertidas a los ojos de todos y tienen una consistencia viscosa. Por eso cuando alguien sospecha que está cerca de una Mentira, debe chuzarla con un alfiler y doña Mentira ¡Plaff! se estalla y deja escapar un líquido aceitoso. En ese momento toma un color púrpura y no hay manera de que vuelva a recuperarse.

Doñas Mentiras no son malas por naturaleza. Ellas viven para divertirse y les gusta servir a las personas en el momento en que se les acaban las palabras. Sin embargo, algunos se aprovechan de su inocencia para usarlas de manera malintencionada.

Las más chicas y juguetonas les sirven a los niños y les libran de golpizas y malas palabras. Algunas gigantes viven subidas en las cabezas de ciertos adultos y viajan con ellos como si fueran sus sombreros.

Don Miedo y Doñas Mentiras son buenos amigos y generalmente no pueden vivir el uno sin las otras. Mientras él toma su alimento de niños y adultos, ellas buscan la oportunidad para entrar y colarse en la cabeza.

La escuela está plagada de doñas Mentiras porque allí también vive Don Miedo, arrastrándose con su panzota de kilómetros y kilómetros. No sólo se alimenta feliz de todo lo que sienten los niños. También devora los pensamientos de los maestros que, aunque parecen tan firmes y bien dispuestos, llevan un rosario de pesadillas y vacíos en todo el cuerpo.

CANCIÓN PARA MATAR
EL MIEDO

Isabel, es decir, la flor, ha crecido mucho y en este momento veo que le están brotando hijos alrededor. La taza donde la he colocado se está llenando de azul. Hoy Isabel, es decir, la niña, vino a jugar conmigo. En el juego ella y yo nos casábamos y yo quise que ella cogiera la flor en sus manos para que se pareciera más a las novias de las películas. Me sentí muy feliz al imaginar que todo el juego podía ser realidad algún día y empecé a saltar muerto de la risa.

Isabel, es decir, la niña, tomó a Isabel, es decir, la flor, entre sus brazos como si se tratara de un muñeco o de un bebé imaginario, y mientras la arrullaba, cantó una canción que de tan dulce sabía a chupeta, cuya letra he olvidado. La canción decía más o menos lo siguiente:

Si una noche el miedo, si una noche el miedo,
llega hasta tu puerta, llega hasta tu puerta.
No lo escuches, no lo escuches.
Puede ser un perro, puede ser el viento,
puede ser el eco de tu voz en el silencio.
Si una noche el miedo, si una noche el miedo,
te toca la puerta, te toca la puerta.
No le abras, no le abras.
Puede ser un trueno, puede ser un grito,
puede ser tu llanto saliendo del pecho.
Si una noche el miedo, si una noche el miedo,
empuja tu puerta, empuja tu puerta.
Saca tus palabras, saca tus palabras,
ellas son las flechas, ellas son las armas
que asustan el miedo, que matan el miedo.

Me impresioné mucho con la canción y le pregunté a Isabel:

—¿Cómo es eso de que las palabras asustan el miedo?

—Porque las palabras lo derriten como a

un bloque de hielo sobre el fuego. Es como cuando puedes contar una pesadilla: en ese momento ella se hace inofensiva. El miedo es cobarde y no soporta que lo delates.

No entendí mucho pero Isabel salió corriendo sin darme otra explicación y dejando la boda a mitad de camino. La música me quedó en los oídos como una hamaca que se sigue moviendo aunque nadie esté acostado en ella. Fue en ese momento cuando comprendí dos cosas: una, que Isabel es como una abuela que se ha vuelto niña; dos, que la flor sirve para matar el miedo porque sus pétalos son como las palabras: cuando uno puede decirlas, ya no queda razón para seguir temblando.

TRAGEDIA

Hoy en la clase se formó una tragedia. Empezábamos la clase de matemáticas, cuando el profesor tuvo que salir y le dijo a Camilo que apuntara a los que se portaran mal. Camilo se quedó callado. De pronto se levantó y le dijo al profesor que él ya había renunciado a ese cargo.

La cara del profesor se fue poniendo entre roja y negra. Por un momento no supo qué decir, pero luego se puso a reír a carcajada limpia, mientras decía que ese chiste nunca se lo habían contado. Automáticamente cambió de genio y se puso a gritar, cogió a Camilo de la oreja y lo mandó a barrer el patio de recreo. Pero Camilo, en vez de obedecer, se quedó parado en la puerta del salón. Todos quedamos petrificados en los asientos. Los corazones de todos empezaron a sonar pum pum pum en el silencio.

El profesor, dirigiéndose a todos nosotros, preguntó quién quería apuntar.

Casi todos levantamos el brazo pero enseguida lo bajamos automáticamente, ante la mirada dura que nos echó Camilo desde la puerta.

Entonces el profesor inventó otro método: nos repartió por parejas para que cada uno estuviera pendiente de que el otro no hablara. Si el compañero que le correspondía de pareja hablaba, entonces debíamos decirlo.

El maestro se fue a la oficina de la rectoría y dejó a Camilo parado en la puerta. No sin antes decirle que se preparara para traer a sus padres a hablar con la directora.

Toda la clase se quedó como muda. La técnica resultó ser la mejor. Pero hay algo que no entiendo: si mi compañero habla, entonces yo lo delato. Pero si él, por venganza, dice que yo también hablé, entonces, ¿a quién debe creerle el profesor?

De pronto Camilo entró en el salón y nos habló a todos:

—Si ninguno apunta a nadie, entonces, todos podremos hablar lo que queramos.

—¡Síííí! —Gritamos todos.

—Pero hay que hacerlo sin que se den cuenta. O sea que debemos hacerlo en voz baja.

—¡Síííí! —Volvimos a gritar.

—Además —continuó Camilo— de todas maneras si hablamos es porque tenemos lengua y porque hablar nos hace felices.

—¡Síííí! — seguimos gritando.

En ese momento llegó el maestro con la directora y hubiéramos querido enterrarnos vivos. Entre los dos cogieron a Camilo del pelo y lo sacaron del salón. Luego nos echaron un sermón largo sobre la indisciplina y las sanciones que nos esperaban. Camilo ya no aguantó más y, mientras lloraba, empezó a gritar "¡viva la anarquía, viva la anarquía!"

La directora se espantó con esa palabra y corrió a seguir castigando a Camilo, mientras le decía que no podía creer que el niño más inteligente y juicioso de la clase se hubiera transformado en el demonio.

Yo hubiera querido gritar lo mismo que Camilo. Pero me moría de miedo. En ese momento entendí que la señora *Ana... algo* era una cosa peligrosa. Así se lo dije a Fausto cuando salimos del colegio.

—Dizque la señora *Ana... algo* iba a ayudarnos. Yo creo que nos va a meter en muchos problemas.

—¿Quién es esa señora?

—Ay, Fausto, es que prometí que no se lo contaría a nadie.

—Pero yo soy tu amigo, Marysol. Anda, dímelo.

Entonces le hice prometer que no se lo diría a nadie y lo obligué a jurar por su mamá. Me juró y le dije:

—Es que hay una señora que se llama *Ana... algo* y quiere que todos seamos felices. Cuando ella venga todo será distinto.

¡Ah! —dijo Fausto muy decepcionado y como si no le importara nada el secreto que le había revelado.

—No le veo la gracia ni el misterio a una señora que se llama Ana. Y no entiendo qué es lo que va a hacer para que seamos felices. ¡Como si fuera tan fácil! Si yo hago algo que me hace feliz, por ejemplo, quedarme en la cama hasta medio día y no voy a la escuela, mi felicidad pone muy brava a mi mamá. Si a ella la hace feliz que yo no salga a la calle, su felicidad será mi tristeza. Si todos somos felices haciendo ruido en el salón, nuestra felicidad será cortada por la braveza de los maestros. Entonces, ¿Qué podrá hacer la señora *Ana... algo* para hacernos felices a todos?

Me fui pensando en todo lo que dijo Fausto y creo que tiene razón. Pero ahora sólo pienso en el pobre Camilo. Tal vez lo expulsen de la escuela y, como si fuera poco, seguramente su papá lo va a castigar de una manera terrible. No quisiera estar en su pellejo.

EL PLAN

Hoy otra vez Fausto se escapó de la casa para venir a verme, y hoy sí lo traje hasta la cueva. Claro que con una condición: que debía tener los ojos cerrados y dejarse conducir por mí, en el momento de llegar y en el de salir. Así puedo estar seguro de que no le dirá a nadie cómo se llega hasta mi casa. Le gustó mucho.

—¿Y de dónde sacaste todos esos adornos, Pablo? — me dijo muy admirado.

—¿De dónde crees? De la naturaleza. No pensarás que me los trajo el niño Dios.

Adentro todo está tapizado de un verde muy fuerte. He hecho un trabajo de limpieza y he sembrado enredaderas que cubren las paredes de la cueva. Ya casi no queda un espacio donde las uñas vegetales no se hayan clavado. En el piso he sembrado gramilla y sobre ella he tendido mi cama. La cama la he construído con varios troncos que encontré en los alrededores y algunas tablas que me ha traído Isabel. Encima he puesto muchas hojas que sirven de colchón. Sobre todo esto tiendo mis lindas y calienticas cobijas.

Al lado de la cama, tengo mi banco rojo y una mesita que construí con más troncos y dos tablas. La mesa tiene un mantel hecho de flores y pedazos de tela; tengo un espejo invisible con un marco dorado; el disco de un teléfono; la mitad de un balón y una muñeca cosida con una cuerda de cometa. Sobre la mesa, está Isabel, quiero decir, la flor.

Antes de que Fausto siguiera preguntando, se lo aclaré todo:

—La muñeca es de Isabel, es decir, la niña. Es ella quien me ha traído la flor y casi todo lo demás. Ella viene a verme de vez en cuando y siempre me trae un regalo.

—¿Pero quién es Isabel?

Es mi mejor amiga. La flor que me regaló es contra el miedo. Isabel recoge palabras lindas y arma rompecabezas con ellas.

—¿Cómo así? — siguió preguntando Fausto.

Entonces le conté la historia de la muñeca, el peine, el espejo, el teléfono y todo lo demás.

En ese momento vi cómo a Fausto se le iluminaron los ojos que de tan blancos ya no cabían en la cueva y me contó algo, después de hacerme jurar que no se lo diría a nadie más. Se lo juré por todos los pájaros del cielo y, de paso, por Isabel, ya que me hubiera sido difícil escoger qué es lo que yo más quiero en el mundo.

Fue así como me contó la historia de una señora llamada ANA que prometió ir a la escuela para hacer felices a todos los niños, pero que en realidad, metió en problemas a Camilo. Con todos los detalles Fausto me narró lo que sucedió en el salón esta mañana y el castigo que seguramente le espera al osado Camilo. De pronto tuve una idea.

—¿Quieres ayudarme en un plan?

—Claro que sí —me dijo Fausto muy animado.

Pasamos mucho tiempo poniéndonos de acuerdo y diciendo todas las cosas que se nos ocurrían. La alegría nos recorrió el cuerpo y terminamos saltando de sentirnos tan amigos.

Al final, lo puse nuevamente en el camino y salió corriendo muy afanado, como siempre. Cuando ya iba a desaparecer de mi vista, desde lo lejos, se volvió para gritarme:

—No se te olvide llevar a Isabel, a la flor, la flor contra el miedo. ¡Nos va a hacer mucha falta a todos!

UN DÍA INOLVIDABLE

Don Miedo amaneció esa mañana cogido del cuello de Camilo. Éste llegó a la escuela con la mamá y todos lo vieron caminar agachado, como si un animal grande se le hubiera acomodado sobre la nuca. El padre llegaría más tarde a hablar con la directora, ya que se encontraba fuera de la ciudad y no podría llegar antes del medio día. Se preparaba una reunión con todo el curso ya que, para escarmiento de todos, los niños debían ser testigos del castigo ejemplar que se le daría al desobediente.

Camilo no asistió a las primeras clases, pues estuvo preso con su mamá toda la mañana en la oficina de la directora. Una atmósfera rara recorría los corredores. A la hora del recreo el patio era un río caudaloso de chiquillos gritando sin compasión. Desde arriba el conjunto de cabezas parecía un rebaño sin control. En la pileta los peces se zambullían violentamente.

De repente el aire se llenó de un raro perfume. La campana no sonó a la hora acostumbrada, por lo que el recreo se prolongó inexplicablemente. En las paredes comenzaron a aparecer letras negras que se volvieron palabras sueltas.

En el salón todas las cosas empezaron a cambiar de lugar: los pupitres se situaron de manera desacostumbrada; los libros se trastocaron, los cuadernos se confundieron y cambiaron de nombre; en el tablero empezaron a aparecer mensajes de amor, flores y pájaros dibujados en vez de números o de operaciones matemáticas para ser resueltas; la pileta se llenó de peces de colores y una flor apareció colocada sobre el escritorio.

Pero algo más extraño aún estaba sucediendo en la sala de profesores: el genio y los gestos de los maestros se hicieron más dulces; el afán por hablar empezó a cambiar por una actitud de escucha; el profesor de matemáticas por fin pudo decirle a la profesora de español lo que tenía tantos años oculto en el bolsillo del corazón; ella pudo sonreírle de la forma que hace muchos meses quería.

En la oficina de la directora, ella misma comenzó a olvidar el motivo de la reunión. Poco a poco se le acabaron los regaños y las palabras duras que hacían salir lágrimas de los ojos de la mamá de Camilo. De pronto vio sus propias muecas reflejadas en el espejo de los ojos de Camilo, y se encontró sin sentido, fea en sus gestos duros. Y poco a poco se le ablandó el ceño, hasta adquirir una belleza tranquila. Al mismo niño se le aclararon los ojos y ya no tuvo más miedo de la llegada del padre. En ese momento éste se apareció en la puerta de la dirección, pero en vez de una amenaza traía un regalo para su hijo.

En fin, todas las cosas se volvieron patas arriba, de derecha a izquierda, de adentro hacia fuera.

Cuando la campana tocó por fin, para anunciar el fin del recreo, dejó escapar una música que nunca nadie había escuchado. La alegría no cabía en los corredores. Niños y maestros se encontraron en una ronda sin fin y cuando la tarde llegó los vio cogidos de las manos, cantando una canción que una niña les enseñaba.

La niña era ni más ni menos que Isabel y la canción no era otra que la que hablaba de matar el miedo. Fausto y Pablo saltaban en medio de la ronda. La flor continuaba regando su perfume en toda la escuela y aquel día no hubo límites a la felicidad.

Lo que nadie sabía era que aquel día inolvidable quedaría automáticamente borrado de la memoria de todos, porque no se resiste la alegría y la belleza juntas. Los sueños comienzan a borrarse despacio, como la huella de la lluvia en el pavimento cuando crece el sol. Y las únicas transformaciones que perduran y resisten el olvido, son las que nacen del corazón.

FIN

Camilo, Marysol, Esperanza y Fausto son hombres y mujeres ya. Todavía recuerdan el olor de la escuela, mientras ven que los muros son derribados por obra de las palas mecánicas que hoy sacuden sus cimientos. Algo de ellos también se derrumba entre los montones de ladrillos y la madera de las ventanas. No es la felicidad, porque la escuela también es una manera de aprender a perder la alegría. Es una canción que quedó atrapada entre los corredores y el patio de recreo.

Todos ellos olvidaron sus nombres y partieron como las golondrinas. Sin embargo, se recuerdan cuando cierran los ojos, estiran los brazos y, en una ronda invisible, se agarran del aire. Entonces pueden tocarse y sentir el olor de la escuela. Poco a poco dejaron de lado las preguntas y las palabras, esas flores que sirven para matar el miedo.

Pablo se dedicó al oficio de recolectar por las calles objetos desechados por la gente, útiles para su arte de componer rompecabezas de sueños y palabras. La cueva, que fue su infancia, quedó deshabitada. Un día se convirtió en colibrí y remontó las nubes para escrutar con su pico la flor de la eternidad.

Isabel nunca existió. Fue sólo el ángel, el hada, la poesía. Ella todo lo hace posible y sin ella no es posible vivir. Existe para los que fue escrita esta historia: para los que tienen un corazón de colibrí.

LUZ HELENA
CORDERO
(Bucaramanga -
Santander)

Crecer es una manera de empezar a perder la memoria. La infancia es una gran selva de animales extraños. La voz de un pájaro produce un rumor que se vuelve música cuando toca tu oído. Una mariposa cruza por el cielo de la cabeza y te deja el destello de un color en la mirada. Una manada de ovejas llora por ti, todo lo que no vas a poder gritar aunque te salten los ojos. Y de pronto el lobo, con un pedazo de luna entre sus fauces, que te despierta el miedo y a la vez la ternura. Un día aparecen los buitres y la noche se pone triste. Has descubierto la muerte y te duele, como un pellizco duro, que mamá te da en la conciencia.

La infancia son cuatro calles y unas ganas inmensas de correr hasta donde se pone el sol.

El primer recuerdo que tengo es el ronroneo de los gatos que me dan vueltas como en un carrusel, del cual soy el centro. Antes del lenguaje, aprendí la textura cariñosa de sus colas y la alegría saltarina de los perros.

Copo no era un perro fácil: mordía fieramente a quien se acercaba a tocar la puerta; tenía unos colmillos afilados que perforaban las piernas de los ancianos limosneros; se enfrentaba como un hombre salvaje a mi padre, cuando éste llegaba ebrio, interponiéndose entre él y mamá. Pero era cariñoso, como una bestia rendida, cuando yo le pasaba la mano por su lomo, tan alto como mi cabeza.

Cuando papá, cansado de su duelo con el perro, lo echó de la casa, lloré mucho debajo de la cama, mientras acariciaba su olor y su pelambre.

Eduardo, mi hermano (tres años mayor que yo) fue mi compañero de juegos. Hicimos escaleras para llegar al techo y de allí era fácil saltar al cielo.

La noche nos encontraba tendidos en las tejas, mientras apostábamos hacia un punto lejano que desaparecía antes de que cantaran los gallos.

En las tardes nos gustaba jugar a la escuela. Eduardo me enseñaba todo lo que aprendía en las mañanas: las letras, los sonidos y las operaciones.

Pintábamos historias para luego intercambiarlas como fotonovelas. Las mías siempre de amor; las suyas, de guerra. Sin saberlo, estábamos dibujando nuestras vidas futuras.

El primer día que fui a la escuela, vi cómo la profesora enseñaba a las niñas a leer y a escribir, enfurecida porque no aprendían tan rápido como ella deseaba. No entendía que algo tan lindo se enseñara en la escuela. Si yo lo había aprendido jugando, ¿por qué mis compañeras lo hacían con lágrimas en los ojos?

Ese mismo día la profesora le dijo a mamá que me cambiara a segundo, porque yo ya sabía lo que se enseñaba en primero. Pero mi madre no quiso hacerlo. Ella pensaba que no debía apresurarme, ni siquiera para crecer. Hoy la entiendo y se lo agradezco. Entonces jugué todo el año a ser la profesora de mis compañeras.

Rubiela era grande, tenía la piel de su rostro dura y llena de marcas. Vivía y trabajaba en una panadería donde le permitían ir a la escuela. Ella no entendía nada de letras y cartillas. Yo le enseñaba en el rincón del aula, antes de que la profesora la llamara para pedirle la tarea y regañarla. Ella me traía recortes de bizcochos a cambio de las lecciones.

Un día no volvió más a la escuela y la profesora se alegró. Sólo yo la extrañé y, al cabo del tiempo, supe por qué Rubiela no entendía nada de nada: el miedo la estaba matando.

La infancia son todos los olores que se quedan pegados a los sueños, el alfabeto de la piel, los presentimientos que nunca llegan a convertirse en palabras, la música de una canción en la hamaca de las piernas.

Hay tiempo para todo: menos para retroceder y quedarse colgando del árbol en el que te trepaste una mañana. La infancia es ese árbol pegado en la memoria, la vida elemental e irrefutable que emerge de la tierra.

Este libro es sólo eso: la infancia que vuelve.

Luz Helena.

CONTENIDO

www.ingramcontent.com/pod-product-compliance
Lightning Source LLC
LaVergne TN
LVHW011029200726
843509LV00011B/1233